AF383584

Markus Pohl

Kaiser Karl V. als Patron des christlichen Abendlands?

Vortrag bei der Hanns-Seidel-Stiftung in Kloster Banz im Rahmen der Fachtagung „Politik und Religion in Europa und der Europäischen Union – immer noch das Christliche Abendland?"

Bibliografische Information der Deutschen Nationalbibliothek:
Die Deutsche Nationalbibliothek verzeichnet diese Publikation in der Deutschen
Nationalbibliografie; detaillierte bibliografische Daten sind im Internet über
dnb.de abrufbar.

Herstellung und Verlag: BoD – Books on Demand, Norderstedt
ISBN 9783758370410

Markus Pohl

Kaiser Karl V. als Patron des christlichen Abendlands?

Vortrag bei der Hanns-Seidel-Stiftung in Kloster Banz im Rahmen der Fachtagung „Politik und Religion in Europa und der Europäischen Union – immer noch das Christliche Abendland?"

*Meiner Frau Katja
und meinen Kinder Bernadette und Benedikt
in Liebe gewidmet.*

Der Begriff des Abendlands kehrt zurück. War dieser Topos in der politischen Auseinandersetzung in den 1950er Jahren durchaus gängig, so verschwand er Mitte der 1960er Jahre und kehrt jetzt zu Beginn des 21. Jahrhunderts wieder.[1]

Beispiele sind nicht nur die rechtspopulistischen Demonstrationen in Dresden vor einigen Jahren unter dem Veranstalter-Namen „Pegida" – sogenannte „Patriotische Europäer gegen die Islamisierung des Abendlands".

Auch im eher konservativen Katholizismus findet sich eine Wiederkehr des Begriffes *Abendland*. Der katholische Redakteur, Publizist und Autor Paul Badde, der sowohl für die Tageszeitungen „Welt" und „Frankfurter Allgemeine" als auch für die katholische „Tagespost" und das „Vatikan-Magazin" tätig war, gab ein 1999 unter dem Titel „Die himmlische Stadt

---

1 Dieser Text ist eine erweiterte Fassung des Vortrags in Kloster Banz am 4. Oktober 2022 im Rahmen der von der Hanns-Seidel-Stiftung veranstalteten Fachtagung „Politik und Relgion in Europa und der Europäischen Union – immer noch das Christliche Abendland?" Siehe auch: Andreas Püttmann: Europa der Abendländer, Frankfurter Allgemeine Zeitung, 15.11.2022.

– Der Abendländische Traum von der gerechten Gesellschaft"[2] im Jahre 2020 neu heraus unter dem schlichteren Titel „Abendland. Die Geschichte einer Sehnsucht".[3]

Auf der politischen Rechten ist der belgische Historiker David Engels ein Beispiel für die Rückkehr des Begriffes. Engels wirbt in seinen Schriften und seinem Wirken für eine Erneuerung des abendländischen Gedankens und versucht, das Erbe Oswald Spenglers zu vergegenwärtigen und gemeinsame Wurzeln Europas zu suchen. Dabei sammelt er Autoren aus dem Kreis des europäischen politischen Konservativismus bis in die Reihen der sogenannten neuen Rechten um sich.[4]

Sodann zeigt sich die Suche nach geistlichen Wurzeln eines christlichen Europas im Kreis katholischer Intellektueller, so etwa im Sammelband „Europäische Spiritualität. Kontemplation im Wirken", herausgegeben von Sr. Maura Zatonyi OSB von der Abtei St. Hildegard in Eibingen/Rüdesheim und der

---

2 Paul Badde: Die Himmlische Stadt. Der Abendländische Traum von der gerechten Gesellschaft. München 1999.

3 Paul Badde: Abendland. Die Geschichte einer Sehnsucht. Kißlegg 2020.

4 David Engels (Hg.): Europa Aeterna. Unsere Wurzeln, Unsere Zukunft, Neuruppin 2022. David Engels (Hg.): Renovatio Europae. Plädoyer für einen hesperialistischen Neubau Europas. Berlin 2019.

St. Hildegard-Akademie.[5] Wenn Abendland als Synonym für ein christlich geprägtes Europa verstanden wird, werden in diesem Band z. B. der Ordensgründer Benedikt von Nursia oder Hildegard von Bingen als Wegbereiter eines christlichen Europa genannt. Im zuletzt genannten Sammelband werden die Ursprünge einer sich abendländisch verstehenden Europäischen Christenheit in den Pilgerwegen, u.a. nach Santiago de Compostela und im Kreuzzugsgedanken gesehen. Diesen Ursprung europäischen Denkens in den vielfältigen Wegen zum Grab des Apostels Jakobus in Nordspanien hat bereits 1999 Otto von Habsburg gesehen. [6] Damit war er zum einen ein guter Beobachter des Lebens auf dem Pilgerweg, zum anderen war er seiner Zeit voraus, verbinden viele die Aktualität des Pilgerns nach Santiago, gerade im deutschsprachigen Bereich, mit dem Buch des Komikers Hape Kerkeling „Ich bin dann mal weg"[7], erschienen 2006. In den Aufsätzen des Sammelbandes findet sich auch das von Otto von Habsburg und seinem Vorgänger als Präsident der Paneuropa Union,

---

5 Maura Zátonyi OSB, Frank Höselbarth: Europäische Spiritualität. Kontemplation im Wirken, Münster 2021, hier: Walter Kardinal Kasper: Dynamiken einer europäischen Spiritualität, S. 13-25, S. 16.

6 Otto von Habsburg. Die Paneuropäische Idee. Eine Vision wird Wirklichkeit, München 1999, S. 201-204.

7 Hape Kerkeling: Ich bin dann mal weg. Meine Reise auf dem Jakobsweg. München 2006.

Richard Graf Coudenhove-Kalergi gebrauchte Bild[8], das christliche Abendland habe als Fundament die drei Hügel Golgota, Akropolis und Kapitol, also Christentum, griechische Philosophie und römisches Recht.[9]

Otto von Habsburg war es auch, der den habsburgischen Kaiser Karl V. als einen Patron eines christlich-katholisch geprägten gemeinsamen Europas in den 1950er und 1960er Jahren propagierte.

Dass dieser Kaiser auch heute weiterhin eine geschichtspolitische Bedeutung hat, zeigte sich 2021, zum Ende der Regierungszeit Angela Merkels, als die scheidende Bundeskanzlerin in Yuste den Europapreis Karl V. (Premio Europeo Carlos V) erhielt. Karl V. ist hier Namensgeber eines Preises für Verdienste um die Einigung Europas, ganz so wie beim Europäischen Karlspreis der Stadt Aachen in der Tradition Karls des

---

8 Dazu auch: Pohl, Europa in der Tradition Habsburgs, S. 58. Der Gedanke findet sich auch bei Gonzague de Reynold.

9 Walter Kardinal Kasper: Dynamiken einer europäischen Spiritualität, in: Zatonyi/Höselbarth: Europäische Spiritualität, S. 17, hier auf Theodor Heuss zurückgeführt, und: Michael H. Weninger: Kontemplation und Kampf. Gott und Religion im europäischen Integrationsprozess, in: Zatonyi/Höselbarth: Europäische Spiritualität, S. 28. Bei Weninger auch der Verweis auf das Gedenken an den Jahrestag der Schlacht auf dem Lechfeld 1955 und eine Grußbotschaft dazu von Papst Pius XII. an den Augsburger Bischof Joseph Freundorfer. Siehe dazu auch Pohl, Europa in der Tradition Habsburgs, S. 116.

Großen. Bei der Preisverleihung in Yuste in der Extremadura in Spanien, dem Sterbeort Karls V., sagte Angela Merkel:

„Die Verleihung des Europapreises Carlos V ist mir eine außerordentliche Ehre. Ich möchte mich von Herzen für diese Auszeichnung bedanken. Sie ist etwas ganz Besonderes. Das gilt natürlich auch für diesen Ort. Das Königliche Kloster von Yuste erinnert an den Namensgeber des Europapreises. Karl V. verweilte hier in seinen letzten Lebensjahren. Er konnte auf eine lange Regentschaft über weite Teile Europas zurückblicken. Ich darf vielleicht auch ganz persönlich als Tochter eines evangelischen Pfarrers – Karl V. hatte viel mit der Reformation zu tun – sagen: Es bewegt mich ganz besonders, dass ich hier bin, wo er in seinen letzten Lebensjahren damit haderte, dass sich die Reformation ausgebreitet hatte. Es sollten dann ja auch noch Jahrhunderte schrecklicher Kriege folgen, bis schließlich … ein Europa des Friedens geschaffen werden konnte." (14. Oktober 2021)[10]

Der Kaiser der Reformationszeit, Karl V., zeigt sich als eine Vergangenheit, die lebendig ist. Der Verweis auf die Rolle des Kaisers in Bezug auf Martin Luther und die Reformation in

____

10 https://www.bundeskanzlerin.de/bkin-de/aktuelles/europapreis-karl-v-kanzlerin-1967950, (aufgerufen am 19.2.2024).

den Ausführungen Merkels ist dabei fast ein bisschen anachronistisch, steht dieser doch in einer Tradition preußischprotestantischer Geschichtsschreibung, die in Karl V. nur den Antipoden zu Luther sehen will und kann. Durch die Ausstellung des Jahres 2000 und neuere Forschungen, z. B. bei Heinz Schilling, ist gerade die europäische Bedeutung Karls V. deutlicher geworden und auch in Deutschland angekommen. In Spanien und Belgien war dies schon längst der Fall.

Karl V. als Namensgeber, als Ideengeber, als Erinnerungsort, als Vorbild einer europäischen Einigung, der Europäischen Idee – damit beschäftigt sich meine Forschungsarbeit. Ausgangspunkt dafür ist das Werk von Scott Dixon und Martina Fuchs[11] aus dem Jahre 2005, das die europäischen und nationalen Perspektiven seiner Herrschaft untersucht hat. Darin wird auch auf Karl V. als Patron der europäischen Einigung eingegangen, die von verschiedenen Autoren gerade in den 1950er und 1960er Jahren in Anspruch genommen worden ist.

Eine erste Autorin, die Karl V. so deutet, ist Gertrude von Schwarzenfeld, die 1906 in Prag geboren wurde, aus einer relativ spät geadelten Familie Böhmens entstammte, in Prag und Wien studierte und durch ihre Ehe mit einem brasilianischen Diplomaten zunächst nach Kolumbien, dann nach Spanien ging. 1946 verlor sie durch die Vertreibung ihre Heimat

---

11 Dixon, C. Scott/ Martina Fuchs (Hgg.): The Histories of Emperor Charles V. Nationale Perspektiven von Persönlichkeit und Herrschaft. Münster 2005.

in Prag. Nach dem sie sich von ihrem Mann getrennt hatte, arbeitete sie als Feuilleton-Korrespondentin für die Wochenzeitung „Die Zeit" in Paris. Von dort aus unternahm sie 1948 eine lange Reise auf den Spuren Karls V. durch Spanien, die dann Ausgangspunkt für ihr Werk „Karl V. Ahnherr Europas" wurde.

Auf ihrer Reise stößt sie auf viel Habsburgisches dort in Spanien und erfreut sich daran, dass der Doppeladler in Spanien weiterhin in Ehren gehalten wird, während er in ihrer Heimatstadt Prag aus dem Stadtbild verschwand:

„Karl V. [...] verbindet mich hier in Spanien mit einem Österreich, das untergegangen ist. Der Habsburger Doppeladler, der daheim in Böhmen zerschlagen wurde, nimmt hier einen Ehrenplatz ein und festigt den Boden unter meinen Füßen zur Heimaterde."[12]

Schwarzenfeld bringt es überein, das habsburgische Erbe in Spanien und Böhmen; viel Sentimentales, aber auch viel gut Recherchiertes findet sich in Schwarzenfelds Buch. Als sie

---

12 Gertrude von Schwarzenfeld, Karl V., Ahnherr Europas, Hamburg 1954, S. 11. Das Buch erschien später noch als Taschenbuch, München 1963.

reist, ist Spanien noch isoliert in der Zeit unter Franco und
nach dem spanischen Bürgerkrieg.

Auf dem Alkazar in Toledo deutet sie Franco als den, der die
Seele Spaniens bewahrt habe:

„Es ist wichtig, die religiösen Kräfte zu erkennen, die in Spanien innerhalb der nationalen Erhebung jenes Sommers 1936
wirksam waren… Der Alkazar wurde zerstört, aber die Seele
Spaniens wurde gerettet."[13]

Karl V. als Patron Europas zu deuten, wie es im Buchtitel und
in weiten Passagen ihres Werkes geschieht, heißt für sie, Spanien, das Spanien unter Franco, in die europäische Einigung
mit einzubinden. Dies verbindet sie mit den noch weiter zu
besprechenden Autoren.

Schwarzenfeld publiziert danach noch weiter, für „Die Zeit"
und in einzelnen Bänden und Büchern, die teils von ihr selbst
illustriert werden. Die Autorin starb im Jahre 2000 in Dieburg
in Hessen.

Carl Jacob Burckhardt legte 1954 seine „Gedanken über Karl
V."[14] vor. Burckhardt wurde am 10. September 1891 in Basel

---

13 Gertrude von Schwarzenfeld, Karl V., S. 109 f.

14 Carl Jacob Burckhard, Gedanken über Karl V., München 1954.

geboren und verstarb am 3. März 1974 in Vinzel, Kanton Waadt in der Schweiz.[15] Er war sowohl Historiker als auch Diplomat.[16] Als sein literarisches Hauptwerk gilt die von 1935 bis 1967 veröffentlichte dreibändige Richelieu-Biografie. Im Jahr 1937 wurde er vom Völkerbund zum Hohen Kommissar für die Freie Stadt Danzig ernannt. Von 1944 bis 1948 fungierte er als Präsident des Internationalen Komitees vom Roten Kreuz (IKRK). Sodann legte Burckhardt zunächst in der Neuen Zürcher Zeitung am 21.9.1958 „Karl V., der letzte europäische Kaiser" vor, dann auch in „Universitas" 2/1959, Stuttgart veröffentlicht[17]. Später hat Burckhardt den Text etwas erweitert als Vorwort zu Royall Tylers „Kaiser Karl V." (Stuttgart 1959) beigesteuert[18]. Carl Jacob Burckhardt und Otto von Habsburg standen in brieflichem und persönlichem Kontakt. Für die 1965 erschienene Festschrift *„Virtute Fideque"* anlässlich des 50. Geburtstages Otto von Habsburgs steuerte Burckhardt einen Artikel über Kardinal Richelieu unter dem

---

15 Carl Jacob Burckhadt, in: Internationales Biographisches Archiv 22/1974.

16 Hierzu: Paul Stauffer: Carl J. Burckhardt. Zwischen Hofmannsthal und Hitler; Facetten einer außergewöhnlichen Existenz, Zürich 1991.

17 Carl Jacob Burckhardt, Karl V., der letzte europäische Kaiser, in: Universitas. Zeitschrift für Wissenschaft, Kunst und Literatur, 2/1959, S. 123-132.

18 Royall Tyler: Kaiser Karl V. Mit einem Vorwort von Carl J. Burckhardt. Stuttgart 1959, S. 7-19.

Titel „Kalter Krieg im 17. Jahrhundert" bei.[19] Otto von Habsburg wiederum bezieht sich in seinem Nachwort zu „Karl V." auf Burckhardt.[20] Zudem schrieb Burckhardt gemeinsam mit Otto von Habsburg an einer Ausgabe von Felix Somarys (1881-1956) „Krise und Zukunft der Demokratie"[21] die Einleitung und das Schlusswort. In der Universitätsbibliothek Basel liegt ein großer Teil der umfassenden Korrespondenz vor, die Otto von Habsburg und Carl Jacob Burckhardt zwischen 1949 und 1973 geführt haben.[22]

Geprägt war Burckhardt wohl auch durch seinen Schwiegervater Gonzague de Reynold, der Kontakte hielt zu Salazar, Franco und Mussolini.

In seinen „Gedanken über Karl V." nimmt Carl Jakob Burckhardt einen ähnlichen Standpunkt wie Gertrude von Schwarzenfeld ein; das Ziel der Politik Karls V. sei „nicht, wie seit

---

19 Franzel, Virtute Fideque, S. 23-36.

20 Habsburg, Karl V., S. 335 f.

21 Felix Somary: Krise und Zukunft der Demokratie. Mit Vorworten von Otto von Habsburg und Nachworten von Carl J. Burckhardt und Wilhelm Röpke. Autorisierte und durchgesehene Neuauflage der 3. Auflage 1984. Jena 2010.

22 https://basel.swisscovery.org/discovery/fulldisplay?docid=alma9972430110405504&context=L&vid=41SLSP_UBS:live&lang=d

Jahrhunderten so viele seiner Beurteiler schreiben, die Vorherrschaft, sondern ihr Gegenteil, die Gemeinschaft der europäischen Nationen"[23] gewesen.

Burckhardt sieht in den habsburgischen Landen einen Garanten für den Frieden und in der Zerschlagung der k.u.k.-Monarchie am Ende des Ersten Weltkrieges ein Übel; „harte" Grenzen seien an die Stelle von „weichen" Übergängen getreten:

„Das habsburgische Europa dagegen beruht auf der Fülle der organischen Übergänge. So ist es bis zuletzt noch im späten Donaureich geblieben, bis zu seiner Zerstörung durch westliche Ideologien und schließlich durch Taten des siegreichen Westens im zwanzigsten Jahrhundert. Das eigentlich Habsburgische ist, so wie es in Karl sich ausprägt, dem französischen Grundwesen entgegen. Das alte Preußen, das so stark vom königlichen Zentralismus Frankreichs geformt werden sollte, stand lange der westlichen Großmacht des Kontinents wesensmäßig viel näher. Frankreich hat sich durch die Propagierung seines streng nationalen Prinzips in der Folge an seinen Grenzen nachahmende Gegner geschaffen, die dann für sein eigenes Dasein lebensgefährlicher wurden, als die lose

---

e&search_scope=UBS&adaptor=Local%20Search%20Engine&tab=UBS&query=any,contains,carl%20jacob%20burckhardt%20otto%20habsburg&offset=0 (aufgerufen am 19.2.2024)

23 Burckhardt, Karl V., München 1954, S. 29.

Föderation des habsburgischen Europas es jemals hätte sein können. Von dem heute verschwundenen Hause Österreich aber hat Napoleon auf der Insel Helena gesagt, es verkörpere die Garantie des Friedens." [24]

Otto von Habsburg hielt 1957 im Herbst eine Festrede über Karl V. in der Dominikanischen Republik. Diese wurde von 1930 bis 1961 vom Diktator Rafael Leónidas Trujillo Molina (1891-1961) regiert.[25] Zu Trujillo hatte Otto von Habsburg schon während des Zweiten Weltkrieges Kontakt gesucht, um für verfolgte Österreicher Einreisevisa zu erhalten.[26] Habsburg schreibt über diese Rede in einem Brief an Burckhardt am 21. Oktober 1957:

„Ich war soeben in der Dominikanischen Republik, wo die südamerikanischen geschichtlichen Gesellschaften und Akademien ihre Jahrestagung im Zeichen Karl V. abhielten. Ich war dazu eingeladen worden, um bei der Schluss-Sitzung die Festrede zu halten. Für mich war der Besuch in Santo Domingo von ganz besonderem Interesse. Nicht nur ist das Land

---

24 Ebd., S. 28.

25 Zu Trujillo siehe: Nikolaus Werz: Rafael Léonindas Trujillo, in: Nikolaus Werz (Hg.): Populisten, Revolutionäre, Staatsmänner. Politiker in Lateinamerika. Frankfurt am Main 2010, S. 450-473.

26 Baier/Demmerle: Otto von Habsburg, S. 169.

wirklich schön und sehenswert. Es ist auch dort eine ganz besonders große spanische und Reichs-Tradition zu finden, die sehr weitgehend im Volk verankert ist. […] Ich hatte daher die Gelegenheit wahrgenommen, um Karl V. in die Perspektive des Reichsgedankens zu stellen. Ich möchte Ihnen aber sagen, wie dankbar ich war, dass ich Ihre Schrift „Gedanken über Karl V." als einzige Grundlage mitgenommen hatte. Ich habe mir auch erlaubt, viele Ihrer Gedankengänge zu verwenden."[27]

Burckhardt antwortete Otto von Habsburg, als dieser ihm den Text für einen Vortrag über Karl V. zusandte, den er in Spanien halten wollte, am 21.4.1958:

„Der Vortragstext ist meisterhaft, ich kenne wenig Beispiele einer so überzeugenden Evokation, das Ganze ist als Ansprache angelegt, ohne Rhetorik, aber mit rednerischen Höhepunkten und eindrucksvollen Zusammenfassungen. […] In Spanien werden Majestät auf festere Werte und Charaktere stoßen, dort hält man die Vorbilder noch aus."[28]

Diese briefliche Aussage Burckhardts über Spanien im Jahre 1958 zeigt eine deutliche Bewunderung für das Spanien Francos. Diese Sicht auf Spanien verbindet Burckhardt sowohl mit

---

27 Nachlass Burckhardt, G 2770, 32.

28 Nachlass Burckhardt, Universität Basel, G 2770, 39.

Gertrude von Schwarzenfeld[29], Charles Terlinden[30] als auch Otto von Habsburg[31].

Damit kommen wir zum Kaisersohn Otto von Habsburg (1912-2011). Dieser legte 1967 das Buch „Karl V." vor, in der vierten Auflage erhielt es den Untertitel „Kaiser für Europa".[32] Schon zuvor hatte er 1958 in Salamanca die Festrede zur zentralen Feier zum 400. Todestag Karls V. gehalten, die dann in der Zeitschrift *Neues Abendland*[33] und später in Otto von Habsburgs Buch „Im Frühling der Geschichte" [34] im Jahre 1961 publiziert wurde. Wie schon erwähnt, bezieht sich Otto von Habsburg darin auf die Veröffentlichungen von Carl Jacob Burckhardt.

---

29 Gertrude von Schwarzenfeld, Karl V. Ahnherr Europas. Hamburg 1954, hier vor allem im Kapitel „Der Alkazar 1936", S. 108-110.

30 Terlinden war Ehrendoktor der Universität Madrid und setzte sich während des spanischen Bürgerkriegs für die Seite Francos ein.

31 Vanessa Conze: Das Europa der Deutschen. S. 173 ff.

32 Otto von Habsburg, Karl V., 1. Auflage Wien 1967, 4. Auflage München 1990, mit dem Untertitel „Kaiser für Europa". Die Originalausgabe erschien in Paris 1967.

33 Otto von Österreich: Der Kaiser, in: Neues Abendland, 2/1958, S. 98-109.

34 Habsburg, Otto: Im Frühling der Geschichte, Wien/München 1961.

Der im Handschriftenarchiv der Universitätsbibliothek in Basel vorliegenden umfangreiche Schriftwechsel ist ein Zeichen für ein Netzwerk, in dem sich sowohl Burckhardt und Otto von Habsburg wiederfinden, darüber hinaus aber auch in der Abendländischen Bewegung Politiker, Bischöfe und Adelige.[35]

Der vierte Protagonist ist der akademische Lehrer Otto von Habsburgs, Vicomte Charles Terlinden, Professor in Löwen. Er legte ein monumentales Werk über Karl V. vor, zunächst 1965 auf Französisch „Charles Quint. Empereur des Deux Mondes", dann 1978 auf Deutsch „Kaiser Karl V. – Vorläufer der europäischen Idee".[36] Zur deutschen Ausgabe steuerte Otto von Habsburg das Vorwort bei. Terlinden hatte verschiedene Funktionen im Orden vom Goldenen Vlies und anderen Organisationen der Zwischenkriegszeit inne, die in der Nähe Mussolinis und Francos gegen den Kommunismus kämpften.[37]

---

35 Zu Otto von Habsburg auch: Martyn Rady: Die Habsburger. Aufstieg und Fall einer Weltmacht, Berlin 2021, S. 546-548 und 552.

36 Charles Terlinden, Kaiser Karl V. – Vorläufer der europäischen Idee, Zürich 1978.

37 Zu Terlinden jetzt auch: Geoffrey Parker: Der Kaiser. Die vielen Gesichter Karls V., Darmstadt 2020, S. 586.

Wir sehen das, was man heute ein Netzwerk nennen würde, mit dem Ziel, ein konservatives christliches Europa zu prägen, dass antikommunistisch und aristokratisch sein sollte. Ort dieses Netzwerkes ist neben der Abendländischen Bewegung das CEDI, das Zentrum für Dokumentation und Information, vom Spanien Francos geschaffen als ein Ort der Begegnung für Politiker des isolierten Spaniens und der Europäischen Wirtschaftsgemeinschaft EWG.[38]

Der Kampf Karls V. gegen das osmanische Reich wird als Vorbild für eine tagespolitisch geforderte Wehrhaftigkeit gegen den Ostblock gedeutet, der Kampf Karls für die Einheit der Kirche passt dann nach 1962 auch wieder ganz gut zu den Bestrebungen in der Ökumene nach dem Zweiten Vatikanischen Konzil. Vor allem aber eint die Erinnerung an Karl V. die Länder innerhalb der damaligen EWG und darüber hinaus: Belgien, Österreich, Deutschland und vor allem Spanien. Dafür eignet sich Karl V. gut aus Sicht der konservativen Autoren, trotz aller Unterschiedlichkeiten zwischen dem 16. Jahrhundert und dem 20. – ohne Monarchie, aber im Gegensatz zu Karls Zeit unter Einschluss Frankreichs, dass sich unter Franz I. im ständigen Konflikt mit dem Reiche Karls V. befand.

---

38 In diesem CEDI bewegte sich auch Karl von Schwarzenberg (1937-2023), Berater von Vaclav Havel und tschechischer Politiker, siehe: Barbara Tóth: Karl von Schwarzenberg, Die Biographie. Wien 2017, S. 145.

Die Autoren finden sich in der „Abendländischen Bewegung"
wieder, eine Organisation, in der sich Politiker aus CSU, CDU
und FDP finden, aber auch Vertreter aus dem Adel, Heimat-
vertriebene und ihre Funktionäre, Militärs und Bischöfe. Die
Geschichte der Abendländischen Bewegung ist gut erforscht,
unter anderem durch Dagmar Pöpping,[39] Vanessa Conze[40]
und Johannes Großmann.[41]

Mit dem Ende der Adenauer Zeit verliert die Bewegung spür-
bar an Einfluss und geht später ein und auf in der Paneuropa
Union, deren Vorsitzender dann Otto von Habsburg wurde.

Für die Paneuropa Union ist auch heute noch das Heilige Rö-
mische Reich ein Vorbild für Europa. In den Verweisen auf
Karl V., aber auch Karl IV. und auf Karl den Großen sehen
Otto von Habsburg und seine Mitstreiter in der Paneuropa

---

39 Pöpping, Dagmar: Abendland. Christliche Akademiker und die Utopie der An-
timoderne 1900-1945. Berlin 2002.

40 Conze, Vanessa: Das Europa der Deutschen. Ideen von Europa in Deutschland zwischen Reichstradition und Westorientierung (1920-1970). München
2005.

41 Großmann, Johannes: Die Internationale der Konservativen. Transnationale
Elitenzirkel und private Außenpolitik in Westeuropa seit 1945 (Studien zur internationalen Geschichte Band 39). München 2014.

Neu auch zum Terminus des Abendlands: Alexandra Lason: Umstrittenes
Abendland. Eine theologische Grundlagenreflexion, Berlin 2021.

Union Vorbilder für das Europa ihrer Zeit: Karl den Großen als Patron der europäischen Einigung im Westen und Süden, mit Frankreich, Italien, Deutschland und den Benelux Staaten, Karl IV. als Künder europäischer Einigung in Richtung Osten mit den Ländern der böhmischen Krone und Karl V. eben in Richtung der iberischen Halbinsel. Dazu schrieb Otto von Habsburg 1986 in seinem Buch „Die Reichsidee":

„Karl der Große, Karl IV. und Karl V. sind wohl die bedeutendsten Ahnherren des Europas von morgen. Karl der Große bildet die unverzichtbare Verbindung zwischen den Franzosen, die nach den Karolingern einen nationalen Sonderweg gingen, und der reichischen Idee einer übernationalen Gemeinschaft. Der böhmische Luxemburger Karl IV. erneuerte nicht nur das Sacrum Imperium, er ist auch die Brücke nach Osten, vor allem zu den Slawen. Die Idee eines *Orbis Europaeus Christianus*, wie sie Karl V. verfocht, hat, anders als damals, inzwischen alle europäischen Völker erfaßt. In Karl V. fließen deutsche und italienische, französisch-burgundische und niederländisch-burgundische sowie iberische Geistesströme zusammen. Er und seine großen Vorgänger sind daher viel zeitgemäßer als die Anhänger der nationalistischen Kleinstaaten des 19. und 20. Jahrhunderts. Außer der übernationalen Idee bringt das versunkene Kaisertum noch einen anderen wesentlichen Gedanken ins 21. Jahrhundert ein: Das ist die

Vorstellung vom Vorrang der richterlichen Funktion gegenüber der ausübenden und der gesetzgebenden Gewalt."[42]

Die Nähe zu Franco ist dabei auffällig, aber nicht singulär; die letzte Reise Adenauers, nicht mehr als Kanzler, kurz vor seinem Tod geht nach Spanien, er besucht im Escorial das Grab Karls V., aber auch das monumentale Tal der Gefallenen, in dessen Basilika später Franco sein Grab findet. Beim Besuch in Spanien wird Adenauer eine Kopie des Schwertes Karls V. überreicht, die sich heute im Adenauer Haus in Rhöndorf befindet.

Bleibt die Frage, ob diese Inanspruchnahme Karls V. für das europäische Einigungswerk erfolgreich gewesen ist. Ein katholisch restauriertes Europa ist nicht entstanden, Spanien wurde erst nach Francos Tod Teil von EG und NATO. Aber vielleicht ist doch eine Art der Vorarbeit geleistet worden.

Die Deutung Karls V. als Ahnherr Europas erhielt immer wieder auch massiven Widerspruch, so von Peter Rassow, Rainer Wohlfeil oder Alfred Kohler.

„Anlässlich des Jubiläums von 1958 hat Peter Rassow sich dagegen ausgesprochen, daß Karl V. als Symbolfigur sowohl für die Europaidee als auch für die Idee der Hispanidad in An-

---

42 Otto von Habsburg, Die Reichsidee, Wien 1986, S. 35 f.

spruch genommen wurde… Ausgerechnet Mühlberg als Symbol des kaiserlich-spanischen Sieges über die Protestanten? Ist dafür im heutigen Europa überhaupt Platz? Es ist jedenfalls auffällig, daß sowohl in Belgien als auch in Spanien Identitäts- und Traditionsstiftungen bis heute auf Karl V. in einer Weise bezogen werden wie nirgendwo sonst in Europa. Man kann Rainer Wohlfeil nur beipflichten, wenn er hofft, daß diese Art von Legendenbildung, um Tradition für ideologische Zwecke zu vereinnahmen, nicht wie bisher fortgesetzt und sich im Jahr 2000 wiederholen wird."[43]

Aber als im Jahre 2000 zu den Feierlichkeiten des 500. Geburtstags Karls V. die große Ausstellung geplant wurde, fand diese dann nacheinander in Spanien, Belgien, Österreich und Deutschland statt, unter dem Patronat der jeweiligen Staatsoberhäupter bzw. Könige. Karl V. wurde damit wieder in Anspruch genommen als verbindendes europäisches Vorbild, und zwar im Großen der Ausstellung, aber auch für alle Bürgerinnen und Bürger, vor allem in Spanien und Belgien, wo man ein bildgleiches Briefmarkenmotiv kaufen konnte, das Karl V. als Sieger von Mühlberg zeigte. Solche Gemeinschaftsausgaben von Postverwaltungen verschiedener Länder sind relativ selten und betonen den besonderen Stellenwert des gewürdigten Ereignisses. Da die staatlichen Postverwaltungen

---

43 Kohler, Karl V., München 1999, S. 371.

diese Ausgaben verantworten, wird damit ein offizielles Geschichtsbild vermittelt.

Die Einführung eines europäischen Erinnerungsortes „Karl V." war nun wohl doch nicht so unerfolgreich oder vergebens. Damit endete meine Forschung zum Dissertationsprojekt[44], aber es ging auch nach dem Jubiläum im Jahre 2000 weiter, und zum Anlass 500 Jahre Krönung Karls V. fand nicht nur die Ausstellung in Aachen statt, sondern die Postverwaltungen Österreichs und Luxemburgs brachten diesmal eine bildgleiche Sonderbriefmarke zur Erinnerung an Karl V. heraus, mit Einblendung der Fahnen der Staaten, über deren Territorien Karl V. zu seiner Zeit herrschte.

Zudem ist mittlerweile auch bei den Historikern der Erinnerungsort Karl V. angekommen, so bei Heinz Schilling schon 2002:

„Auch ich würde die europäische Dimension seiner Politik, die in diesem Gedenkjahr vor allem durch Politiker gerne beschworen wird, als erinnerungswürdig ansehen. In der Regierungszeit dieses Kaisers war das Reich, und damit Deutschland, in einem ganz besonderen Maße in eine transnationale, europäische Dimension eingespannt – im Positiven wie im

---

44 Markus Pohl, Europa in der Tradition Habsburgs? Die Rezeption Kaiser Karls V. im Umfeld der Abendländischen Bewegung und den Paneuropa Union. Chemnitzer Europastudien Band 23, Chemnitz/Berlin 2020.

Negativen. [...] Die heutigen Europapolitiker können und sollten ihn aber dennoch als `lieu de mémoire´ oder `personnage de mémoire´ ihrer Konzepte akzeptieren. Denn wie kein zweiter hat Karl V. zeit seines Lebens daran gearbeitet, die auseinanderstrebenden, partikularen Kräfte zu bändigen und die proto- beziehungsweise frühstaatliche Welt der werdenden Neuzeit durch eine Idee neu zu ordnen und zu einen." [45]

Auch 2020 geht Schilling im Schlusskapitel in seiner Biografie über Karl V. „Der Kaiser, dem die Welt zerbrach" auf die europäische Bedeutung und seine Funktion als Vorbild heutiger europäischer Einigung ein.[46]

„Programm und Person Karls V. sind kaum als Modell für den modernen Einigungs- und Friedensprozess in Europa geeignet, wie übrigens historisch genau betrachtet auch Karl der Große nicht. ... Zu groß sind die über die Jahrhunderte hin

---

45 Heinz Schilling, Föderalismus und Multi-Konfessionalismus als ungewolltes Erbe Kaiser Karls V. in deutscher Perspektive, in: Menschen und Strukturen in der Geschichte Alteuropas. Festschrift für Johannes Kunisch zur Vollendung seines 65. Lebensjahres, dargebracht von Schülern, Freunden und Kollegen. Hgg. Von Helmut Neuhaus und Barbara Stollberg-Rilinger, Berlin 2002, S. 100.

46 Heinz Schilling, Karl V. Der Kaiser, dem die Welt zerbrach, München 2020, S. 387.

Siehe auch: Heinz Schilling: Ein neues Leben für den Kaiser? Neuerscheinungen zu Karl V. und ihre Bedeutung für die historisch-politische Kultur, in: Zeitschrift für Historische Forschung, Bd. 48, 2021, Heft 2, Berlin 2021, S. 295-310.

eingetretenen Veränderungen und Brüche – ablesbar übrigens
auch am Kaiserfenster [in der Kirche St. Michael und Gudula
in Brüssel, M.P.] ... Gleichwohl lohnt es sich gerade in dem
Moment, in dem der Prozess der europäischen Einigung ins
Stocken gerät und sich in den unterschiedlichsten Nationen
des Kontinents Widerspruch erhebt, die historischen Erfah-
rungen näher zu bedenken, die Kaiser Karl V. in der vornati-
onalstaatlichen Welt mit seiner Vision eines vereinten Europas machte. Das mag für die zukünftige Gestaltung eines
einigen, friedlichen Europas hilfreich sein – nicht als Blau-
pause, wohl aber als Reflexion über die Bedingungen eines
frühen europäischen Einigungskonzeptes und über die
Gründe für sein Scheitern."[47]

Die Vorbildfunktion für ein einiges Europa, die Karl V. zuge-
schrieben wurde, fand sich auch, wir sahen es bei Otto von
Habsburg, für Karl IV., gerade im tschechisch-deutschen Ver-
hältnis. Hier gilt wie für Karl V., was Olaf Rader in seinem
„Karl IV. Das Beben der Welt" 2023 schreibt, in Bezug auf das
Gedenken an Karl IV. 2016 anlässlich seines 700. Geburtstages,
der nicht nur durch eine gemeinsame Ausstellung in Prag und
Nürnberg, sondern auch mit einem Pontifikalamt – christliches Abendland! – im Veits-Dom in Prag gewürdigt wurde,

---

47 Schilling, Karl V. Der Kaiser, dem die Welt zerbrach, S. 387 f.

im Beisein des tschechischen Staatspräsidenten Milos Zeman. Dazu Rader:

„Das alles zeigt, wie wirkmächtig die Erinnerungen an Karl IV. als böhmischen König noch immer waren, oder besser: wieder geworden sind. Denn in die Diskussion um die Identität Europas sind historische Ursprünge eigener nationaler, regionaler oder staatlicher Besonderheit in ihrer Bedeutung gewachsen, je mehr Mitglieder der Europäischen Union beitraten. Im Zuge der Wiederentdeckung und Indienstnahme historischer Figuren von hoher Legitimationskraft für die Tagespolitik rückte auch die Erinnerung an Karl IV. als böhmischen König wieder neu in den Blickpunkt. Das wirft die Frage auf, ob nicht der Mangel an gemeinschaftsstiftenden europäischen Erinnerungsorten – seien es Personen, Gegenstände, Werke oder Ereignisse – oder besser: das Desinteresse an ihnen, für die Schwierigkeiten mitverantwortlich sind, ein europäisches Zusammengehörigkeitsgefühl zu erzeugen."[48]

---

48 Olaf B. Rader: Kaiser Karl IV. Das Beben der Welt, München 2023, S. 391 f. Siehe auch: Frank-Lothar Kroll: Identität und Differenz. Das Problem einer integralen europäischen Geschichte. Berlin 2023.

Bildanhang:

Blockausgabe Österreich 2019

Blockausgabe Luxemburg 2019

Quellen und Literaturverzeichnis:

Badde, Paul: Abendland. Die Geschichte einer Sehnsucht. Kißlegg 2020.

Badde, Paul: Die himmlische Stadt. Der Abendländische Traum von der gerechten Gesellschaft. München 1999.

Burckhardt, Carl Jacob: Gedanken über Karl V. München 1954.

Burckhardt, Carl Jacob: Karl V., der letzte europäische Kaiser, in: Universitas 2/1959, S. 123-134.

Engels, David (Hg.): Europa Aeterna. Unsere Wurzeln, unsere Zukunft. Neuruppin 2022.

Engels, David (Hg.) Renovatio Europae. Plädoyer für einen hesperialistischen Neubau Europas. Berlin 2019.

Franzel, Emil: Virtute Fideque. Festschrift für Otto von Habsburg zum Fünfzigsten Geburtstag. Wien/München 1965.

Habsburg, Otto von: Die Paneuropäische Idee. Eine Vision wird Wirklichkeit. München/Wien 1999.

Habsburg, Otto: Karl V. Wien/München 1967.

Habsburg, Otto von: Karl V. Kaiser für Europa. München 1990.

Habsburg, Otto von: Die Reichsidee. Geschichte und Zukunft einer übernationalen Ordnung. Wien/München 1986.

Habsbourg, Otto de: Charles Quint. Paris 1967.

Kohler, Alfred: Karl V. 1500-1558. München 1999.

Kroll, Frank-Lothar: Identität und Differenz. Das Problem einer integralen europäischen Geschichte. Berlin 2023.

Parker, Geoffrey: Der Kaiser. Die vielen Gesichter Karls V. Darmstadt 2020.

Pohl, Markus: Europa in der Tradition Habsburgs? Die Rezeption Kaiser Karls V. im Umfeld der Abendländischen Bewegung und der Paneuropa Union. CES, Band 23, Berlin 2020.

Pohl, Markus: Sieger von Mühlberg und Ahnherr Europas? Kaiser Karl V. als Briefmarken- und Münzmotiv. Wie eine politische Idee sich auf Briefmarken durchsetzt. Norderstedt 2022.

Rader, Olaf B.: Kaiser Karl IV. Das Beben der Welt. Eine Biographie. München 2023.

Rady, Martyn: Die Habsburger. Aufstieg und Fall einer Weltmacht. Berlin 2021.

Schilling, Heinz: Karl V. Der Kaiser, dem die Welt zerbrach. München 2020.

Schilling, Heinz: Ein neues Leben für den Kaiser? Neuerscheinungen zu Karl V. und ihre Bedeutung für die historisch-politische Kultur, in: Zeitschrift für historische Forschung, 48. Band, Berlin 2021, Heft 2, S. 295-310.

Schwarzenfeld, Gertrude von: Karl V. Ahnherr Europas. Hamburg 1954.

Terlinden, Charles: Carolus Quintus. Kaiser Karl V. Vorläufer der europäischen Idee. Zürich 1978.

Tóth, Barbara: Karl von Schwarzenberg. Die Biographie. Wien 2017.

Tyler, Royall: Kaiser Karl V. Mit einem Vorwort von Carl J. Burckhardt, Stuttgart 1959.

Zátonyi, Maura OSB (Hg.): Europäische Spiritualität. Kontemplation im Wirken. Münster 2021.